essentials

essentials liefern aktuelles Wissen in konzentrierter Form. Die Essenz dessen, worauf es als „State-of-the-Art" in der gegenwärtigen Fachdiskussion oder in der Praxis ankommt. *essentials* informieren schnell, unkompliziert und verständlich

- als Einführung in ein aktuelles Thema aus Ihrem Fachgebiet
- als Einstieg in ein für Sie noch unbekanntes Themenfeld
- als Einblick, um zum Thema mitreden zu können

Die Bücher in elektronischer und gedruckter Form bringen das Expertenwissen von Springer-Fachautoren kompakt zur Darstellung. Sie sind besonders für die Nutzung als eBook auf Tablet-PCs, eBook-Readern und Smartphones geeignet. *essentials:* Wissensbausteine aus den Wirtschafts-, Sozial- und Geisteswissenschaften, aus Technik und Naturwissenschaften sowie aus Medizin, Psychologie und Gesundheitsberufen. Von renommierten Autoren aller Springer-Verlagsmarken.

Weitere Bände in der Reihe http://www.springer.com/series/13088

Maren Metz · Birgit Spies

Digitale Psychologie

Einordnung, Arbeits- und Forschungsfelder

Maren Metz
Fachbereich Gesundheit und Pflege
HFH · Hamburger Fern-Hochschule
Hamburg, Deutschland

Birgit Spies
Fachbereich onlineplus
Hochschule Fresenius
Köln, Deutschland

ISSN 2197-6708　　　　　　　ISSN 2197-6716　(electronic)
essentials
ISBN 978-3-658-32010-2　　　ISBN 978-3-658-32011-9　(eBook)
https://doi.org/10.1007/978-3-658-32011-9

Die Deutsche Nationalbibliothek verzeichnet diese Publikation in der Deutschen Nationalbibliografie; detaillierte bibliografische Daten sind im Internet über http://dnb.d-nb.de abrufbar.

Planung/Lektorat: Eva Brechtel-Wahl
Springer ist ein Imprint der eingetragenen Gesellschaft Springer Fachmedien Wiesbaden GmbH und ist ein Teil von Springer Nature.
Die Anschrift der Gesellschaft ist: Abraham-Lincoln-Str. 46, 65189 Wiesbaden, Germany

Was Sie in diesem *essential* finden können:

- Das Buch trägt Informationen und aktuelles Wissen zu Psychologie und Digitalisierung zusammen und verdichtet diese in einem Überblick und Ausblick.
- Es werden Definition vorgeschlagen, eine Eingrenzung vorgenommen und der sich entwickelnde Bereich der Digitalen Psychologie beschrieben.
- Weiter werden Möglichkeiten und Grenzen aufgezeigt und Entwicklungs- und Forschungsfelder, insbesondere für Psycholog*innen, umrissen.
- Das Buch ermutigt Psycholog*innen, den hoch aktuellen Bereich der digitalen Psychologie aktiv mitzugestalten.
- Es bietet zudem vielfältige Anknüpfungspunkte und regt zu Diskussion, Weiterentwicklung und zu weiteren Publikation an.

Inhaltsverzeichnis

Über die Autoren

Maren Metz Die Autorin studierte an der Universität Bremen Psychologie und Wirtschaftspsychologie und promovierte an der Helmut-Schmidt-Universität/Universität der Bundeswehr Hamburg zum Thema Online-Coaching. Erfahrungen in Wissenschaft und Forschung weist sie in Themenfeldern der (virtuellen) Lern- und Veränderungsstrategien und insbesondere im E-Coaching aus. Sie ist Mitherausgeberin und -Autorin der Bücher „E-Coaching und Online-Beratung. Formate, Konzepte, Diskussionen" sowie „Digitale Lernwelt – Serious Games. Einsatz in der beruflichen Weiterbildung". Nicht nur theoretisch, sondern auch als Praktikerin führt sie moderne Medien in die Hochschulbildung ein. Außerdem begleitet sie Veränderungsprozesse in der Wirtschaft und ist als Coachin und Trainerin aktiv. Sie leitet den Studiengang Psychologie am Fachbereich Gesundheit und Pflege der HFH • Hamburger Fern-Hochschule.

Birgit Spies Die Autorin studierte Informationstechnik in Dresden und Medien und Bildung in Rostock mit den Schwerpunkten Medienpsychologie und Medienphilosophie. Sie promovierte an der Ludwig-Maximilians-Universität in München zum Thema „Informelles Lernen in Sozialen Online Netzwerken". Ihre beruflichen Stationen führten sie u.a. als Projektmanagerin, Trainerin und E-Learning-Entwicklerin zu großen deutschen Unternehmen. Als Expertin für E-Learning berät sie Unternehmen zu digitaler Bildung und coacht Trainer und Dozenten für den virtuellen Raum. Seit mehr als 25 Jahren lehrt und doziert sie zudem in der Aus- und Erwachsenenbildung zu Themen der Medienbildung. An der Hochschule Fresenius hat sie die Professur für Bildung und Digitalisierung inne und leitet den Fernstudiengang Medien- und Kommunikationsmanagement (B.A.). Ihr Arbeits- und Forschungsinteresse gilt insbesondere dem Lehren und Lernen mit digitalen Medien und der Bildung.

Einleitung 1

Längst bezeichnet der Begriff „digital" nicht mehr im ursprünglichen Verständnis das technisch Digitale. Aus „1" und „0" zur Kodierung für die Übertragung von Informationen ist seit den 2010er Jahren ein Synonym geworden, das die Anwendung digitaler Technologien im privaten, wirtschaftlichen, politischen und gesellschaftlichen Bereich umfasst. Nach Sühlmann-Faul (2019) ist die Digitalisierung eine Transformation, die umfassend und gesellschaftsweit ist und weit mehr bedeutet als die Nutzung von Computern oder die Vernetzung von Menschen. Digitalisierung verändert beispielsweise unsere *Kommunikation* und damit die *Beziehungen* – das Sich-Aufeinander-Beziehen – der Menschen. Es entstehen **soziale Beziehungsnetzwerke,** die *Verbundenheit* und *Austausch* über große Distanz ermöglichen. Sie verändert den *Ablauf* von Arbeitsprozessen in Unternehmen, in Krankenhäusern oder beispielsweise bei Bankgeschäften. Sie verändert auch die *Gestaltung* von Bildung, von Freizeit, sowie die Entwicklung von *Identitäten* und die *Gemeinschaft.* Die digitale Transformation stellt Unternehmen vor grundlegende Herausforderungen, aber auch die Gesellschaft als Ganzes (Boes et al. 2018, S. 76). Und je weniger die Massenmedien ihre Gatekeeperfunktion, das Vorfiltern von Informationen, aufrechterhalten können, desto mehr hat die Digitalisierung auch Einfluss darauf, wie wir die Welt sehen. Die so bezeichnete mediale digitale Macht der vernetzten Vielen (Pörksen 2015) hat ihre eigene Dynamik, um die Ereignisse in der Welt zu beschreiben, zu teilen und zu kommentieren[1].

---

[1]YouTube Video https://netzpolitik.org/2015/bernhard-poerksen-auf-der-rp15-die-fuenfte-gewalt-die-macht-der-vernetzten-vielen/

M. Metz und B. Spies, *Digitale Psychologie,* essentials,
https://doi.org/10.1007/978-3-658-32011-9_1

Digitale Neuerungen sind beispielsweise in der Bio- und Nanotechnologie zu finden, in der Robotik, in der künstlichen Intelligenz sowie in den Anwendungen der Virtual und Augmented Reality. Die Schlagwörter Big Data und Internet of Things bezeichnen Veränderungen, deren Auswirkungen wir gegenwärtig kaum antizipieren können und deren Veränderungspotential wenig abschätzbar ist. Diese gesellschaftlichen und individuellen Veränderungen sind die Megatrends der jetzigen Zeit, so der Wissenschaftliche Beirat der Bundesregierung Globale Umweltveränderung WBGU (2011).

Für eine gesellschaftliche Teilhabe, aber auch um mit den durch die Digitalisierung initiierten Veränderungen in der Arbeitswelt umzugehen, braucht es *digitale Schlüsselqualifikationen* (Kompetenzen, um in einer digitalisierten Umwelt zu arbeiten und zu leben), *technologischen Fähigkeiten* (Fachwissen) und weitere *Qualifikation* (Fähigkeiten, wie z. B. Adaptionsfähigkeit, Kreativität oder Durchhaltevermögen). Diese drei Kategorien gehören laut Stifterverband (2019) zu den sogenannten „Future Skills" (S. 3). Auf der anderen Seite werden bisher erforderliche Kompetenzen, Fähigkeiten und Fertigkeiten an Bedeutung verlieren. Geduld, Aufmerksamkeit und Merkfähigkeit beispielsweise scheinen sich angesichts der digitalen Veränderung zu verschlechtern. Die Aneignung digitaler medialer Fertigkeiten, die Entwicklung eines Verständnisses (im Sinne von Verstehen) für die Dynamik der Digitalisierung, die Nutzung digitaler Tools in der eigenen Arbeit – alles dies trägt dazu bei, dass Psycholog*innen die Veränderungen selbst besser verstehen und sich zurechtfinden. Es ist wichtig, diesen **gesellschaftlichen Umbruch** auch als psychologische Fachexperten **mitzugestalten.**

Die Digitalisierung fordert die menschliche Denkweise, insbesondere die Forschung zum künstlichen Leben und zur künstlichen Intelligenz, noch stärker heraus (Rohde 2013). Mit einem digitalen Lebens- und Arbeitsraum entsteht eine **digitale Kultur** in eben diesem, die vom Menschen geprägt ist und die den Menschen selbst prägt. Deshalb ist davon auszugehen, dass psychologische Paradigmen greifen und wiederum selbst Veränderungen prägen. Typische Facetten einer Kultur, wie beispielsweise Überzeugungen, moralisch-ethisches Verständnis, Einstellungen, Sitten, Praktiken, Sprache und Rituale, ändern sich oder entstehen gänzlich neu. Gleichzeitig rückt die Umgestaltung der Gesellschaft mit Blick auf nachhaltige Entwicklungen in den Fokus, in der für künftige Generationen deren Möglichkeiten mitgedacht werden müssen. Dies setzt auch ein emanzipatorisches und gesellschaftsveränderndes Potenzial voraus (Görgen und Wendt 2015). Alle kulturellen Tätigkeiten sind immer auch begleitet durch Affekte und werden einer Wertigkeit zugeordnet. Insbesondere das Wechselspiel zwischen Gefühlen und Vernunft beeinflusst die – digitale – Entwicklung

(Damasio 2017, S. 13). Laut WBGU (2018) wird sich das gegenwärtige Menschenbild verändern und damit eine Veränderung der Kultur nach sich ziehen. Die Entwicklung der Digitalisierung mit ihrem überwältigenden Einfluss auf den Menschen bedarf einer leitenden Orientierung „die den Menschen – und nicht die Technik – in den Mittelpunkt der Veränderung stellt" (Boes et al. 2018, S. 78). Es bedarf einer gesellschaftlichen und politischen Gestaltung des digitalen Umbruchs (Boes et al. 2018). Schauplatz des digitalen Wandels sind aber noch weitaus mehr Bereiche. Es sei beispielhaft die Entwicklung eines *kollektiven Weltbewusstseins* (WBGU 2019) aufgeführt. Hierbei geht es insbesondere um ein motiviertes, nachhaltiges und umweltbewusstes Handeln des Menschen und die Herausbildung eines entsprechenden Problembewusstseins. Digitale Technologien verändern weiter unsere Kommunikationsstrukturen und schaffen neue *Partizipations-* und *Wissensaneignungsformen*. Auch hier ist ein öffentlicher Diskurs wünschenswert. Es bedarf neuer Leitbilder für eine digitale, nachhaltige Arbeitswelt, aber auch eine gesellschaftliche Einbettung dieser Arbeitswelten sowie ein Nachdenken über die Rolle des Menschen in dieser (WBGU 2019). Daher fordert der WBGU auf, die Digitalisierung aktiv zu gestalten, sie zu analysieren und zu verstehen, sich dazu auszutauschen und sich durch globale Partnerschaften zu vernetzen. Der Mensch – und hier seien besonders die Psycholog*innen aufgerufen – wird sich in diesem Digitalisierungsprozess positionieren (müssen).

Die Wurzeln der Psychologie reichen weit in die Geschichte zurück. Das Fachgebiet in seinem Selbstverständnis war und ist immer wieder vielen Veränderungen unterworfen. Jetzt scheint die Psychologie einmal mehr aufgefordert, alle ihre Erkenntnisse und ihr Wissen in den Dienst der Gesellschaft zu stellen. Fusionen von Unternehmen, Umorganisation und Verdichtung von Arbeit scheinen Alltag zu sein. Auch das Privatleben bleibt von der Digitalisierung nicht unberührt. Neben vielen Annehmlichkeiten sind wir u. a. mit der Angst vor der eigenen Bedeutungslosigkeit und dem Verlust von Gestaltungsspielraum konfrontiert. Dies hemmt das dem Menschen innewohnende Potenzial, Veränderungen wahrzunehmen, anzunehmen und zu gestalten.

2.1 Die Psychologie als ein sich entwickelnder Wissenschaftszweig

Der Psychologie ist es aus der geschichtlichen Entwicklung und Etablierung inhärent, sich ständig weiterzuentwickeln und mit anderen Fachdisziplinen zu fusionieren. Dies gelingt unterschiedlich schnell und gut. Bei dem Thema Digitalisierung kommen zudem Ängste über die Bedeutung von bisherigen Tätigkeitsfeldern dazu. So brachte das vdek-Zukunftsforum 2019 diese Verunsicherung mit dem Titel „Schafft die Digitalisierung die Psychotherapeuten ab?" auf den Punkt (vdek 2019). Abhängigkeiten zu technischen Geräten und digitalen (sozialen) Plattformen wachsen. Die Auswirkungen werden sich in einigen Jahren zeigen. Der Mensch, das ICH, wird zu einem *öffentlichen ICH im digitalen Raum*. Dies führt auf der einen Seite zu neuen Möglichkeiten der

© Der/die Herausgeber bzw. der/die Autor(en), exklusiv lizenziert durch
Springer Fachmedien Wiesbaden GmbH, ein Teil von Springer Nature 2020
M. Metz und B. Spies, *Digitale Psychologie*, essentials,
https://doi.org/10.1007/978-3-658-32011-9_2

Identitätsbildung, konfrontiert das ICH aber auf der anderen Seite mit extremen Feedbackprozessen. Hier sollen keineswegs wertende dysfunktionale oder medienkritische Aspekte im Mittelpunkt stehen. Sie sollen aber benannt sein, um die Dringlichkeit des Handelns zu unterstreichen. Es müssen Möglichkeiten, Chancen und auch Begrenzungen der Digitalisierung im privaten Umfeld, dem Arbeits- und Wissenschaftsfeld der Psychologie und der Therapie benannt und diskutiert werden. Auf verlässlicher Grundlage lassen sich dann Handlungsempfehlungen ableiten. Der Wissenschaftszweig der Psychologie ist eng mit Veränderungen in der Gesellschaft verknüpft und verfolgt das Ziel, das menschliche Erleben und Verhalten zu beschreiben, zu erklären und vorherzusagen. Es verändern sich u. a. Arbeitsabläufe, wenn Technik und Digitalisierungsprozesse Einzug halten; die Lebensweise des Einzelnen und der Gemeinschaft verändert sich, wenn Kommunikation und Austausch stark digital organisiert sind; zuvor ungedachte Phänomene, wie beispielsweise die Auflösung der Privatsphäre und das Infrage stellen der Glaubwürdigkeit von Autoritäten, von Medien, selbst der Wahrheit an sich, kommen hinzu. Das Menschenbild verändert sich: der Blick auf uns und auf die anderen, der zunehmend durch digitale Selbstdarstellung und Selbstreferenzierung geprägt zu sein scheint, ist im Wandel.

Psycholog*innen sollten sich einmal mehr mit der Frage auseinandersetzen, wie sie mit ihrer Arbeit *gesellschaftliche Verantwortung* übernehmen können. Erklären und Prognostizieren von Phänomenen scheint nicht mehr ausreichend. Die (Digitale) Psychologie muss sich auf der einen Seite im Sinne einer kritischen Aufklärung betätigen, die Stimme erheben und Stellung beziehen. Auf der anderen Seite muss sie Entwicklungen fördern und fordern. So kann beispielsweise, analog zur Gesundheitsgefährdungsbeurteilung, wie sie in Unternehmen angeraten ist, eine Beurteilung der Gefährdung durch Digitalisierung gefordert und entwickelt werden. Empfehlungen sind nicht mehr ausreichend. Die Erkenntnisse der (Digitalen) Psychologie verlangen danach gehört und berücksichtigt zu werden, ganz im Sinne einer *Salutogenese* (Damasio 2017) – damit Menschen psychisch gesund in einer digitalisierten Welt leben können, und dem Menschen eine *Bedeutung* zukommt.

Seit langem weisen auch Wissenschaftler*innen auf die psychischen Folgen der Ökonomisierung fast aller Lebensbereiche hin (vgl. Verhaeghe 2013). Hier können die Folgen verringerter Autonomie des Individuums in Arbeit und Gesellschaft und zunehmender Konformitätsdruck (vgl. Pauen und Welzer 2015) ebenso genannt werden wie die Veränderung von Denken, Verhalten und Fühlen infolge der Hypervernetzung (vgl. Christakis und Fowler 2011). Ebenso muss die Veränderung von „Anerkennungsverhältnissen in den Familien, der Arbeitswelt und der politischen Öffentlichkeit" (Honneth 2015, S. 81) benannt werden, die Menschen ihrer „gewohnten Wertschätzung" (ebd.) beraubt. Digitale Technologien *formen* uns als soziale Wesen und *prägen* „unser Selbstbild von innen heraus" (Floridi 2015, S. 73). Damit berühren sie unser Innerstes und müssen in das Zentrum psychologischer Forschung rücken.

Was machen alle diese Veränderungen mit uns? Es gibt viele Fragen, die geklärt werden wollen. Bekannte psychologische Modelle und Theorien müssen auf ihre Anwendbarkeit auf unser digital geprägtes Leben hin untersucht und neue theoretische Modelle entwickelt werden. Es gilt insbesondere, sich fachfremden Bereichen nicht nur anzunähern, sondern bewusst nach Möglichkeiten zu suchen, wie psychologisches Fachwissen mit den Erkenntnissen und Forschungen anderer Disziplinen verbunden werden kann. Vereinzelt werden technische und digitale Möglichkeiten aus fachfremden Bereichen bereits für die Belange der Psychologie und Psychotherapie genutzt. Es lassen sich z. B. mit diversen Wearables und Gadgets Stimmungen und biologische Daten aufzeichnen und im Rahmen von Psychoedukation nutzen. Anwendungen aus der Telemedizin können niedrigschwelligen Zugang zu therapeutischer Hilfe anbieten. Entwicklungen der Künstlichen Intelligenz können helfen, Ängste und Phobien zu überwinden.

Die Weiterentwicklung der Psychologie beinhaltet ebenso eine *Weiterentwicklung* und ggf. *Neuorientierung* von Psycholog*innen. Diese beginnt bei der Digitalisierung und der internetbasierten Bereitstellung von Fachwissen und der Schaffung von Plattformen und Foren, auf denen Menschen fundiertes psychologisches Wissen erhalten. Sie setzt sich fort mit einer bewussten Vernetzung der Fachexperten untereinander, unter Einbeziehung digitaler Möglichkeiten wie Web-Meetings und Virtueller Kongresse. Die sich so entwickelnde digitale Kompetenz der Psycholog*innen muss auch die selbstverständliche Anwendung von E-Coaching und E-Beratung beinhalten.

2.2 Entstehung und gegenwärtige Entwicklung

Eine in ihrem Selbstverständnis sich ständig wandelnde Wissenschaft wie die Psychologie ist aufgefordert, sich aktiv und gestaltend in Veränderungsprozesse einzubringen. Interdisziplinäres Zusammenarbeiten bei der Entwicklung technischer und digitaler Neuheiten ist ebenso geboten wie das Antizipieren von Folgen ebendieser.

Ein *Am-Rande-Stehen* und *nachträgliches Erforschen* der Auswirkungen bereits etablierter Technologien kann **nur noch aufdecken,** aber **nicht gestalten.**

Zu sehr stellen Digitalisierung und Forschungen, wie z. B. die zur Künstliche Intelligenz, die alte Frage zum Verhältnis von Mensch und Technik neu: Was ist der Mensch? Wenn sich scheinbar das symbiotische Verhältnis von Mensch und (digitaler) Maschine weiter vertieft: Wo fängt der Mensch bzw. das Menschsein an, wo hört er/es auf? Welchen Einfluss hat dies auf unser Denken, Fühlen und Verhalten?

Digitalisierung zu verstehen bedeutet, sich die digitale Welt zu erschließen und dadurch vergegenständlichter zu machen. Das heißt insbesondere, sich Räume in dieser Welt zu schaffen, diese zu nutzen und zu gestalten (Deinet et. al. 2018). Durch Syntheseleistung gelingt es dem Menschen, unterschiedliche lebensweltliche Bezüge mit dem Digitalen zu verknüpfen (Löw 2001). Die *(Eigen)motivation* bewirkt eine Auseinandersetzung mit der digitalen Umwelt, um in ihr zu bestehen und *kreativ Begegnungs- und Identitätsräume* zu schaffen. Dies kann ein individueller oder auch gemeinschaftlicher Aneignungs- und Gestaltungsprozess sein.

2.2.1 Entwicklung der Psychologie mit Blick auf die Digitalisierung

War die Psychologie in ihrer Entstehung zunächst auf das unmittelbare menschliche Erleben und Verhalten bezogen, so ist seit den Erfindungen des Industriezeitalters des späten 18. Jahrhunderts, des Großrechners in den 1940er Jahren, des Einzugs des Fernsehers in die Haushalte in den 1950er Jahren und des Computers in den 1980er Jahren – um nur einige markante Punkte zu nennen – klar, dass Technik und Medien (und heute erweitert um das Digitale) mit dem Menschen und seiner Psyche in Wechselwirkung stehen. Menschen erschaffen Dinge, Techniken und Rituale. Die Weise ihrer Nutzung wirkt auf das Erschaffene zurück. Beide Seiten beeinflussen und verändern einander.

Nun kann technische, mediale und digitale Entwicklung – wie auch die kulturelle Entwicklung – ursächlich verschiedene Gründe haben, wie beispielsweise die *körperliche* und *kognitive Entlastung* des Menschen selbst (z. B. Hebewerkzeuge, Roboter und Computer), für Unternehmen schnellere Arbeitsabläufe und steigenden Gewinn (z. B. Fließbandfertigung und Warendatenbanken) und für den Staat eine effiziente Verwaltung und Kommunikation (z. B. Digitalisierung der Melderegister und elektronische Antragsbearbeitung wie die Einreichung der Steuererklärung). Wenngleich technische und digitale Entwicklungen die menschliche Leistung unterstützen und ggf. auch ablösen sollten, so wurde man sich doch zunehmend auch ihrer Beschränkungen bewusst.

Technische Entwicklungen halfen einerseits, das Verstehen menschlicher Prozesse fassbar und technisch abbildbar zu machen. So hat z. B. die Kognitive Psychologie biologische Erkenntnisse mit psychologischen Vorgängen verbunden und in technische Funktionen umgesetzt. Andererseits gewann in den 1980er Jahren mehr und mehr der Gedanke an Bedeutung, dass menschliches Erleben und Verhalten deutlich facettenreicher sein kann und nur schwer in einen programmierbaren Ablaufplan passt.

Die Medienpsychologie, als Teilbereich der Psychologie, begann sich zu etablieren und wendete sich Fragen zu, die bisher eher unbeachtet geblieben waren. Die kognitive und emotionale Verarbeitung von Medieninhalten, die Nutzung medialer und digitaler Angebote für Lern- und Wissensprozesse, die technik- und computervermittelte Kommunikation, die Analyse von Mensch-Maschine/Computer-Interaktion und das Erleben der virtuellen Realität – diese und andere Fragestellungen wurden nun verstärkt erforscht und ein interdisziplinärer Blick war einmal mehr erforderlich. Mit der Digitalisierung ist nun ein komplexes Phänomen in den gesellschaftlichen Fokus gerückt, welches sämtliche Lebens-, Arbeits- und Gesellschaftsbereiche nachhaltig berührt – im Sinne von lange nachwirkend und verändernd – und zwar, ob wir wollen oder nicht. Bisherige Arbeits- und Fachgebiete scheinen nicht mehr ausreichend, um die Phänomene der Digitalisierung zu beschreiben, sie zu erforschen und darauf aufbauend Prognosen und Empfehlungen für Mensch und Gesellschaft anzubieten.

Zwei Varianten scheinen möglich: 1) Fachgebiete *erweitern* ihr eigenes **Arbeits-** und **Forschungsgebiet** um die Fragestellungen zur Digitalisierung und schauen dabei auf psychologische Fragestellungen, oder 2) es *bildet* sich ein **eigenes Fachgebiet** heraus: die **Digitale Psychologie.** Diese schaut aus der psychologischen Perspektive auf die Digitalisierung unterschiedlicher Bereiche des Lebens und kann und sollte dabei den Weg in andere Fachgebiete suchen.

In Anlehnung an die Kernfragen der Medienpsychologie (Batinic und Appel 2008) kann die Digitale Psychologie inhaltlich wie folgt umrissen werden:

1. Was macht die Digitalisierung mit dem Menschen?
   Diese Frage ist bezogen auf die (Aus-)Wirkungen und Folgen der Digitalisierung.
2. Was macht der Mensch mit der Digitalisierung?
   Hier liegt der Fokus auf der Nutzung digitaler Technologien.

Für die Entwicklung hin zu einer eigenen Disziplin – der Digitalen Psychologie – sollte eine solche Disziplin Theorien und Konzepte aus anderen *psychologischen Teilgebieten,* wie der Allgemeinen Psychologie, der Sozial-, Entwicklungs- und Medienpsychologie mit einbeziehen, wie auch Konzepte, Modelle und Theorie u. a. aus den *Fachgebieten* der Informatik und Ingenieurwissenschaft, der Systemtheorie und Kybernetik, der Kommunikations- und Medienwissenschaft, der Philosophie und Kulturwissenschaft integrieren. Es ist ebenso angeraten, die Einflüsse aus Konstruktivismus, der Kybernetik, der Systemtheorie und der Gestaltpsychologie mit einzubeziehen, denn hier treffen Technik, Informatik und Psychologie aufeinander. So beschäftigt sich die Psychologie im Gegensatz zur Informatik u. a. mit individueller anstatt mit automatisierter Informationsverarbeitung.

Untenstehende Abb. 2.1 zeigt einen skizzenhaften Überblick der fachlichen Einflüsse auf die Digitale Psychologie, die sich stetig weiterentwickeln wird.

2.2.2 Verortung der Digitalen Psychologie

Hier wird zunächst der Versuch einer Einordnung der Digitalen Psychologie in die bestehende Forschungslandschaft vorgenommen. Weiter werden Arbeitsfelder aufgezeigt und Forschungsfragen zugeordnet, um der Digitalen Psychologie eine erste Strukturierung und Systematisierung zu geben.

Wo kann die neue Disziplin in der psychologischen Wissenschaft verwurzelt werden? Die Digitale Psychologie ist einzuordnen als ein **Spezialgebiet** der Psychologie. Sie ist der Konzept- und Theoriebildung, der Ausarbeitung und Erprobung von Forschungsparadigmen und spezifischen Methoden verpflichtet, aber auch der Übernahme evaluations- und gestaltungswissenschaftlicher Aufgaben. Das Spezialgebiet der Digitalen Psychologie lehnt sich an **angewandte Teildisziplinen** an. In die Digitale Psychologie fließen Erkenntnisse aus der Allgemeinen Psychologie (z. B. zu Wahrnehmung, Aufmerksamkeit und Emotionen), der Persönlichkeitspsychologie (z. B. zu inter- und intraindividuellen Unterschieden im Umgang mit digitalen Medien und der Digitalisierung) und der Sozialpsychologie (z. B. zu kollektiven Reaktionen wie Shitstorm) ein.

Auch die Kognitionspsychologie steuert wichtige Erkenntnisse zur Informationsverarbeitung (Kognition) bei, wie z. B. Erkenntnisse zur Wahrnehmung oder zum Wissenserwerb. Damit wird die Digitale Psychologie durch *Grundlagendisziplinen* angereichert, aber in *Anwendungsdisziplinen* verortet. Die

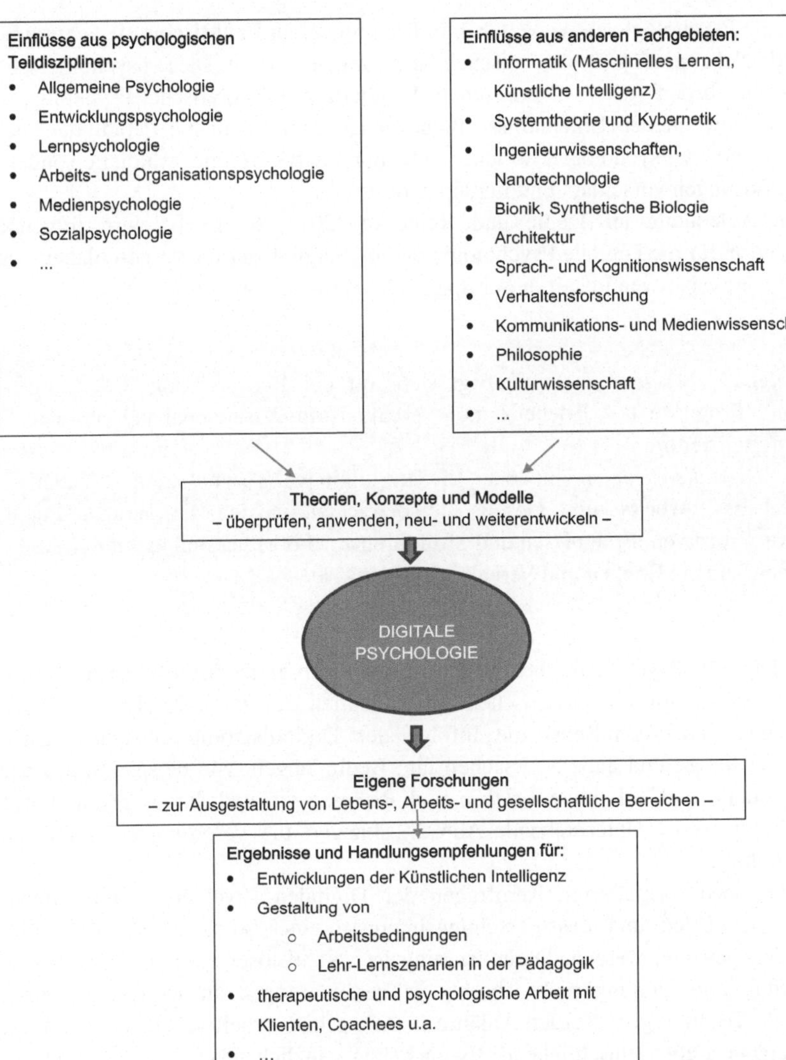

Abb. 2.1 Einflüsse und Theorien aus psychologischen Teilbereichen sowie anderen Fachgebieten auf die Digitale Psychologie

Digitale Psychologie entwickelt sich in Richtung einer **Praktischen Psychologie,** die als Nebenprodukt der technischen Neuerungen entsteht. Diese psychologische Disziplin bedarf einer theoretischen Fundierung (Theoretische Psychologie). Die so gewonnenen Erkenntnisse fließen wiederum ein in die Paradigmen der Angewandten Psychologie, welche nicht nur analysiert und evaluiert, sondern auch Lösungen vorschlägt und implementiert.

In Anlehnung an Trepte und Reinecke (2013, S. 15 f.) wird folgende Definition für die Digitale Psychologie und die Digitalisierung vorgeschlagen, die zugleich die Notwendigkeit dieser Spezialdisziplin hervorhebt.

Digitale Psychologie beschäftigt sich mit der Beschreibung, Erklärung und Prognose des Erlebens und Verhaltens in Zusammenhang mit der Digitalisierung.

Digitalisierung meint den Einsatz digitaler Technologien in allen Lebens-, Arbeits- und Gesellschaftsbereichen, welche die Veränderung von Prozessen, Ereignissen und Strukturen zur Folge hat und damit auf das menschliche Erleben und Verhalten zurückwirkt.

Die Digitale Psychologie beschreibt **mentale Prozesse im digitalen Raum,** sowie die komplexen psychischen Mechanismen des **menschlichen Fühlens, Denkens** und **Verhaltens,** die infolge der Digitalisierung entstehen. Dazu gehören innere und äußere Ursachen und Bedingungen, wie beispielsweise das individuelle und kollektive *Erleben* und *Bewusstsein,* und daraus resultierende Erfahrungswerte. Untenstehende Abb. 2.2 skizziert die Verortung der Digitalen Psychologie.

Die oben formulierten Kernfragen der Digitalen Psychologie aufgreifend, muss der Blick und das Forschungsinteresse einer solchen Spezialdisziplin deutlich geweitet werden. Digitalisierung ist als Auslöser vielfältiger, bisher in Wirkung und Umfang nicht absehbarer Veränderungen anzuerkennen. Durch digitale Technologien werden Abläufe in Alltag und Arbeit scheinbar optimiert, das eigene Leben einschließend. Es entstehen gänzlich neue Geschäftsmodelle, in deren Folge ganze Branchen zusammenbrechen und aus der Arbeitswelt verschwinden. Der Erwerb von Wissen verändert die Bildungslandschaft und überzieht diese mit Evaluationen und Learning Analytics, ebenfalls nach Effizienz und Optimierung strebend. Die Wahrnehmung und Bewertung von Ereignissen ist u. a. an die digitale Präsenz gekoppelt. Individuen und Akteure aus Wirtschaft, Wissenschaft und Politik beeinflussen sich gegenseitig in ihrem Handeln. Dabei

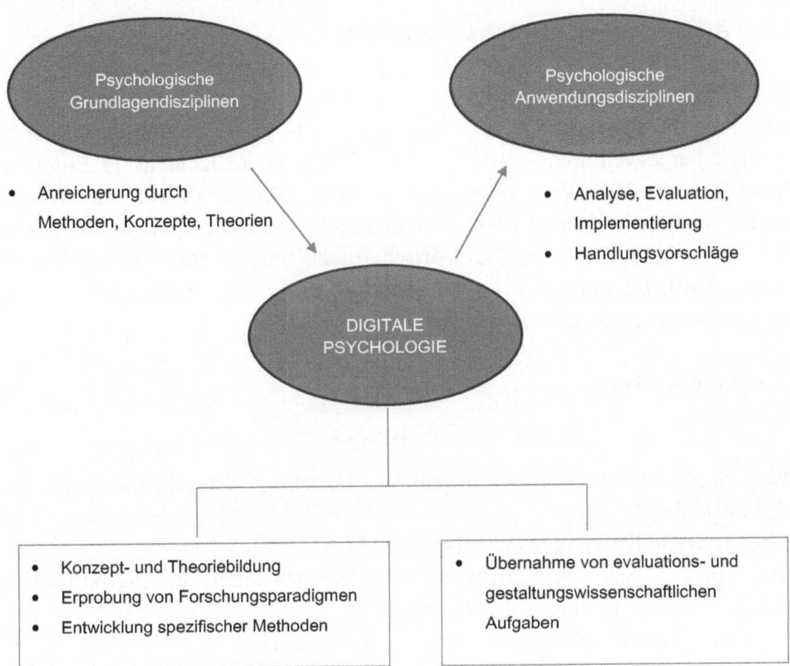

Abb. 2.2   Verortung der Digitalen Psychologie

werden Strukturen und Systembeziehungen stetig komplexer, undurchschaubarer und führen zu „lebensweltlichen Konsequenzen und psychischen Belastungen" (Ziemann 2011, S. 14).

Der **digitale Raum** ist längst ein *realer Raum* geworden, auch wenn er nicht materiell (er)fassbar ist. Menschen agieren im digitalen Raum und nutzen digitale Technologien mehr oder weniger selbstverständlich. Eine Trennung beider Räume ist nicht mehr aufrechtzuerhalten. Und doch: „Letztendlich ist das Erleben und Verhalten immer eine Interaktion zwischen Situation und Person" (Kuhl et al. 2010, S. 21). Für das Fachgebiet der Digitale Psychologie wird es interessant sein, welche Ziele und Absichten Menschen im Zusammenhang mit der Digitalisierung verfolgen, zu welchen Handlungen sie durch ebendiese veranlasst oder aufgefordert werden. Es wird zu erforschen sein, welches Verhalten die Menschen zeigen, welche Verhaltensroutinen sie entwickeln und welche Affekte mit der Digitalisierung einhergehen werden.

2.2.3   Arbeits- und Forschungsfelder

In Anlehnung an die Definition der Psychologie empfiehlt es sich, neben Arbeits- und Forschungsfeldern, konkrete Fragen- und Hypothesenstellungen einer Digitalen Psychologie aus drei Perspektiven zu betrachten: 1) Emotion, 2) Kognition, 3) Verhalten. Diese Perspektiven können zudem unterschiedlichen Ebenen zugeordnet werden: a) Individuelle Ebene, b) gemeinschaftliche (soziale und kulturelle) Ebene, c) wirtschaftliche und arbeitsbezogene Ebene, d) gesellschaftliche und politische Ebene. Nachfolgend werden erste Fragestellungen formuliert und eingeordnet.

(a) Individuelle Ebene
Emotionsebene:

- Wie empfinden Menschen die hohe Dynamik der Entwicklung der Digitalisierung?
- Wird die Digitalisierung als lebensgünstig beurteilt?
- Wie verändert sich das Selbstwirksamkeitserleben durch die Digitalisierung und die Nutzung digitaler Anwendungen?
- Wie finden Emotionen Ausdruck im digitalen Raum?
- Welche mentalen Erlebnisse werden durch die im digitalen Raum ausgelösten inneren Bilder und Gefühlen hervorgerufen?
- Welche Aspekte der digitalen Welt beeinflussen das Erleben der Innenwelt – die Gefühle und die Gewichtung dieser – im Sinne einer Homöostase?

Kognitionsebene:

- Wie verändert der digitale Informationserwerb das Denken (Wahrnehmen, Speichern, Erinnern)?
- Lassen die Digitalisierung und der digitale Raum ausreichend Möglichkeit zur Gedankenassoziation und zur Verarbeitung kognitiver Prozesse?
- Ist das Erleben im digitalen Raum eher Aktivität oder Passivität geprägt?
- Wie finden Selbstregulation und Stressbewältigung im digitalen Raum statt?
- Verändert sich die Ich-Kontrolle im digitalen Raum sowie durch digitale Prozesse?
- Sind Selbstbeherrschung und Disziplin im digitalen Raum eine andere?
- Können digitale Anwendungen die Selbstwirksamkeit unterstützen?
- Welche Auswirkungen auf die individuellen Kompetenzen haben digitale Anwendungen?

Verhaltensebene:

- Wie nutzen Menschen digitale Technologien?
- Wie verändern sich Beziehungen und der Umgang der Menschen untereinander im digitalen Raum?

(b) Gemeinschaftliche Ebene (sozial und kulturell)
Emotionsebene:

- Inwieweit erzeugt der digitale Raum das Gefühl des Seins oder der Subjektivität? Kann ein Prozess der Subjektivität entstehen?
- Ist der Mensch im digitalen Raum in einem bewusstseinsreflektierenden Prozess? Ist er sich über die begleitenden inneren Bilder und Gefühle bewusst?

Kognitionsebene:

- Ist der digitale Raum ein sozialer Treffpunkt für Austausch und sozialem Miteinander?
- Inwieweit verändern sich Aufmerksamkeit, Kognition und Emotion in einer digitalen Gruppe?
- Findet uneigennütziges Verhalten im digitalen Raum statt? Wird dies durch Digitalisierung verstärkt oder vermindert?
- Wie verändert sich Kommunikation?
- Wie werden innere Bilder der Mentalisierung des digitalen Raumes zu einem Narrativ geordnet?
- Welche sozialen Verhaltensweisen sind durch Digitalisierung und den digitalen Raum entstanden?
- Wie zeigen sich wirkungsorientierte Motive wie Leistung und Macht?
- Haben Persönlichkeitsmerkmale Einfluss auf das Verhalten im digitalen Raum?
- Beeinflussen Einstellungen und Werte eines Individuums den Umgang mit der Digitalisierung und das Verhalten im digitalen Raum?
- Entstehen durch die Digitalisierung neue Freiräumen der Kreativität? Welche Auswirkungen hat dies auf die Gesellschaft, die Kultur, die Arbeit und den einzelnen Menschen?

Verhaltensebene:

- Entsteht kooperatives Handeln im digitalen Raum? Welche kooperativen Verhaltensweisen zeigen sich hier?
- Verändert die Digitalisierung und Nutzung digitaler Technologien das Verhalten der Menschen untereinander?
- Beeinflusst die Außenwelt die Gestaltung des digitalen Raumes?
- Wie verändert sich die Gesellschaft, wenn menschliche Intelligenz durch technische Systeme nachgebildet wird?
- Wie verändern sich Kommunikation von und Beziehungen in Gemeinschaften im digitalen Raum?

(c) Wirtschaftliche und arbeitsbezogene Ebene
Verhaltensebene:

- Wie werden digitale Angebote im Rahmen der Psychotherapie eingesetzt und verändern sich dadurch?
- Gibt es positive Versorgungseffekte durch digitale Strukturen, Angebote und Methoden?
- Gibt es einen Bedarf an psychologischen und therapeutischen digitalen Anwendungen (wie z. B. Apps)?
- Welche Standards müssen für die Integration digitaler Methoden in der Psychotherapie eingehalten werden?
- Welche Auswirkungen hat die Digitalisierung auf die psychotherapeutische Arbeit und die psychotherapeutische Versorgung?
- Wie erwerben Psychotherapeut*innen digitale Kompetenz?
- Wie kann die Entwicklung der Künstlichen Intelligenz mitgestaltet werden?

(d) Gesellschaftliche und politische Ebene
Verhaltensebene:

- Wie können angesichts großer Datenmengen individuelle Transparenz, Privatsphäre und Selbstbestimmung gewahrt werden?
- Greift die Digitalisierung die Würde des Menschen an? Wie kann diese geschützt werden?

Die ersten Ansätze des maschinellen Lernens waren von psychologischer Forschung inspiriert und so erscheint es hilfreich, die Digitale Psychologie unter diesem Fokus einzuordnen. Blicken wir auf die gegenwärtige Forschung zur Künstlichen Intelligenz, so zeigt sich, dass diese ebenfalls aus vielen hochspezialisierten Teilforschungsgebieten der Kognitionswissenschaft zusammengesetzt ist: aus dem Sprach- und Bildverstehen und der Sprachproduktion, dem Planen, der Wissensrepräsentation, dem Lernen, dem Problemlösen und dem Schlussfolgern. Da es häufig keinen allgemeinen effizienten Lösungsweg in diesen Teilbereichen gibt, wird zumeist auf *heuristische Verfahren* zurückgegriffen (Schmidt 2013, S. 45). Durch die Entwicklung kognitiver Modelle wurden so auch psychologische Theorien weiterentwickelt (Schmidt 2013, S. 46). Beispielhaft seien hier Theorien zur Zuverlässigkeit, eigene Schlussfolgerungen abzuschätzen, genannt. Die Fähigkeit zur Metakognition ist damit ein sehr relevantes kognitionswissenschaftliches Forschungsthema geworden. Die Forschungen zur Künstlichen Intelligenz werden der erfahrungswissenschaftlichen Disziplin zugeordnet und so fügt sich auch die Psychologie gut darin ein (Schmidt 2013, S. 44).

2.2.4   Entwicklung und Anwendung digitaler Technologien in der Psychologie

In der Psychologie lassen sich bereits konkrete Beispiele für die Digitalisierung finden. Nachfolgend werden ausgewählte Anwendungen beschrieben.

(1) Apps, Smartphones und Technikarmbänder
Wissenschaftler der Harvard Universität in Cambridge entwickelten mit dem Massachusetts Institute of Technology (MIT) Apps und Armbänder, die den Gemütszustand von Menschen vorhersagen (Mood-Predication). Diese Stimmungsbarometer sollen als eine Art Frühwarnsystem dem Menschen selbst helfen und auch andere informieren, wenn beispielsweise eine depressive Phase droht.

Zahlreiche Apps können inzwischen genutzt werden, um biologische und psychologische Daten zu erfassen und auszuwerten. So ist die App Moodpath ein Stimmungstagebuch, die von Psychologen, Ärzten und Wissenschaftlern entwickelt wurde. Hier werden über einen Zeitraum von insgesamt zwei Wochen mehrere Fragezeitpunkte am Tag erfasst und auswertet. Dem Nutzer können damit Hinweise auf depressive Symptome gegeben und professionelle Hilfe angeboten werden.

(2) Telemedizin und eHealth
Ärzte und Therapeuten bieten auf der Grundlage des Digitale-Versorgung-Gesetzes digitalisierte Methoden der Beratung und Behandlung an. Der Report

Versorgungsforschung stellte bereits 2012 (Bartmann, Blettner, 2012) ein breites Anwendungsspektrum aus medizinischer Sicht vor und kann inspirierend für eine Digitale Psychologie sein. Beispielsweise schaffen Technologien, wie die der Pflegebrille, mittels Augmented Reality (erweiterte Realität) eine Erleichterung für die Pflegenden.

(3) Psychotherapeutische Interventionen

Wissenschaft und Wirtschaft beschäftigen sich intensiv mit der Anwendung digitaler psychotherapeutischer Interventionen. Es werden z. B. digitale Anwendungen entwickelt, die bei psychischen Störungen eingesetzt werden können. Basierend auf einem Gamingdesign werden z. B. mittels Konfrontationstherapie und Augmented Reality gute Erfolge bei Spinnenphobien (Frauenhofer Institut 2018) erzielt. Auch die Techniker Krankenkasse bietet eine Virtual Reality Therapie bei Angststörungen an (TKK 2020).

(4) E-Recruitment

Mithilfe der Künstlichen Intelligenz (KI) werden intelligente Handlungsprogramme entwickelt, die Tätigkeiten des Menschen übernehmen können. Im Recruitment werden beispielsweise KI-basierte Möglichkeiten für das Networking mit Kandidaten, für die Talentsuche und die sogenannte Candidate-Experience-Optimierung genutzt. Hierzu gehören alle Wahrnehmungen und Erfahrungen, die ein Bewerber während der Kontakt- und Bewerbungsphase mit einem Unternehmen sammelt. In der Eignungsdiagnostik versprechen technologiebasierte Assessments unter Nutzung künstlicher Intelligenz valide Prognosen beruflicher Leistung und die Generalisierbarkeit der Erkenntnisse.

(5) Roboter und Algorithmen

Einige Forschungen beschäftigen sich damit, die Stimme von Menschen zu analysieren, um Rückschlüsse auf ihre Emotionen ziehen zu können. So analysiert z. B. das System Cogito die Stimme von Service-Mitarbeitern und fordert jene beim Erkennen von Unfreundlichkeit auf, einen freundlicheren Tonfall zu wählen.

(6) Brain-Computer-Interfaces

In den letzten Jahren hat sich das Forschungsgebiet der *Brain-Computer-Interfaces (BCI),* der *Gehirn-Computer-Schnittstelle,* als Ergebnis interdisziplinärer Arbeit zwischen Psychologen, Medizinern, Informatikern, Neurowissenschaftlern und Kognitionswissenschaftlern etabliert (Birbaumer und Matuz 2013). Der Schwerpunkt der gegenwärtigen Forschung liegt auf der Entwicklung neuer Lernparadigmen, die der Erhaltung von Kommunikationsfähigkeit mithilfe von BCI-Systemen dienen. Da neben Familie und weiteren sozialen Kontakten die Kommunikation als wesentlicher Aspekt der Lebensqualität erkannt wurde, werden erkrankten Menschen alternative Kommunikationsmöglichkeiten durch BCI-Systeme zur Verfügung gestellt. Mittels BCI-Systemen können per drahtloser Übertragung z. B. Roboter ferngesteuert oder virtuelle Realitäten genutzt werden (Birbaumer und Matuz 2013).

Forscher bemühen sich zudem, die Bedingungen für ein *Minimalbewusstsein* zu identifizieren und diese in die Strukturen der künstlichen Systeme zu implementieren. Solche Systeme hätten dann ein eigenes Bewusstsein und wären möglicherweise sogar leidensfähig.

Besonders im Bereich der künstlichen Intelligenz sollten sich die Psycholog*innen mit ihren grundlegenden Paradigmen und Forschungserkenntnissen frühzeitig einbringen. Nur so kann der Bereich der digitalen Psychologie mitgestaltet und im Sinne eines humanistischen Menschenbildes geprägt werden. Dies passiert aber nicht naturwüchsig, sondern bedarf unterschiedlicher (gesetzlicher, wissenschaftlicher, ethischer, finanzieller) Rahmen und Möglichkeiten, um typische Hürden von Veränderungen – unter Berücksichtigung von ethischen Gesichtspunkten – gerecht zu werden.

2.2.5 Zur Namensgebung des Forschungsgebietes

Es wird sich zeigen, ob der Begriff *Digitale Psychologie* für das zuvor ausgeführte Arbeits- und Forschungsfeld passend ist. Eine sprachwissenschaftliche Annäherung und ein Diskurs dazu sind wünschenswert. Denkbar wären ebenso die Begriffe **Cyber Psychologie, Online Psychologie, Virtuelle Psychologie, ePsychologie, Psychonik, Mediale Psycho**logie oder auch **Technikbasierte (technologiebasierte) Psychologie** oder etwas ganz anderes.

Im englischen Sprachraum scheint sich der Begriff *Cyber Psychology* zu etablieren. Im Fokus der Forschung von *Cyber Psychology,* einem Teilgebiet der Medienpsychologie, sind Phänomene im Zusammenhang mit dem Internet. Dies scheint nicht ausreichend, umfasst Digitalisierung doch weit mehr als nur das Internet, auch wenn dieses dabei eine zentrale Rolle spielt. Der Begriff *Cyber Psychology* ist zudem im deutschsprachigen Raum nicht eindeutig und weckt unterschiedliche Assoziationen.

Aus dem Altgriechischen stammend bedeutet *cyber* schlicht *Steuerung.* Mit der Entstehung der Fachdisziplin *cybernetics* (im Deutschen auch Kybernetik, der Steuerungs- und Regelungstechnik) in den 1950er Jahren hielt *cyber* auch im deutschen Sprachgebrauch Einzug und wird heute beispielsweise in der

Sicherheit der Informations- und Kommunikationstechnik verwendet („cyber-Sicherheit"). Lt. Duden (2020) bezeichnet *cyber* eine „von Computern erzeugte virtuelle Scheinwelt" (Duden 2020). Hier zeigen sich begriffliche Grenzen: Auch wenn einige Phänomene der Digitalisierung nicht sichtbar sind – im Sinne von materiell vorhanden –, so wie das Internet selbst, so existieren sie doch und haben Einfluss auf unsere Lebenswelt. Die künstlich erzeugte Welt wird zu einer realen Welt. Mit der Verwendung des Begriffes *Digitale Psychologie* wird die Emergenz der Digitalisierung sprachlich anerkannt. Die durch sie hervorgerufenen Veränderungen werden so nicht mehr länger als künstlich – als nur in Teilbereichen vorhanden – verstanden.

Hier geht es nicht nur um den Namen eines Entwicklungs- und Forschungsbereiches, sondern auch um einen Anpassungs- und Nutzungsprozess von Mensch und Gesellschaft. Es ist wahrscheinlich, dass sich durch die Digitalisierung auch das Menschenbild verändert. Werden wir in Zukunft vom **Homo Digitalis** sprechen? Oder geht diese Einordnung zu weit? Für eine solche Betitelung spricht, dass Menschen Dinge erst wirklich begreifen, wenn diese *verwörtert* werden, den Dingen also Namen gegeben werden. Erst dann wird etwas Diffuses zu etwas Konkretem, über das Menschen sprechen, nachdenken und es reflektieren können. Das Benannte bekommt aber auch eine Hülle, eine Grenze, was Menschen wiederum hilft, es zu betrachten, zu erforschen und damit zu verstehen.

Entwicklungs- und Forschungsstand 3

Wie könnte nun ein erstes Gedankengerüst der Digitalen Psychologie aussehen? Systemische Anpassungsleistungen, die Komplexität digitaler Räume, die Forschung zur Künstlichen Intelligenz, Logik, Denken und Mensch-Maschine-Interaktionen – dies sind einige Themen, die es zu betrachten lohnt.

Nachfolgend werden erste gedankliche Ansätze dargestellt, um zum Weiterdenken und Weiterforschen zu inspirieren.

3.1 Systemische Anpassungsleistungen

Werden die **Interaktionen** zwischen **Mensch und digitalem System** betrachtet, so lassen sich sowohl innere als auch äußere Begrenzungen des Systems feststellen, die Anpassungsprozesse geradezu herausfordern. Möglicherweise werden zunächst Beobachtungspositionen eingenommen, die *Als-Ob-Annahmen* generieren. Es werden theoretische Annahmen aufgestellt, die empirisch überprüft werden müssen. Dies ist nicht nur wissenschaftlich erforderlich, sondern auch entlang ihrer Resonanz im digitalen Raum beim Menschen. Daraus ergibt sich ein mögliches Vorgehen: Zunächst sollten *Unterscheidungen* analysiert werden. Mit diesen kann dann, im Sinne einer Beschreibung und Deutung, gearbeitet werden und sich Erkenntnis entwickeln. Die sich daraus ergebende Resonanz wird darüber entscheiden, ob sich die Erkenntnis bewährt.

Beschrieben werden sollten die entstehende *Vielfalt*, die dazugehörige *Nutzung* und die *Beziehungsgestaltung,* aber auch die *Grenzen* und diejenigen Dinge, die durch selektive Prozesse *verschwinden* (Treml 2004). Hier scheint es hilfreich, eher die Mischung aus *Zufall* und *Notwendigkeit* zu beschreiben, die zu den Entwicklungsmöglichkeiten führt, als die bewusst geplanten Entwicklungen.

M. Metz und B. Spies, *Digitale Psychologie*, essentials,
https://doi.org/10.1007/978-3-658-32011-9_3

Es ist anzunehmen, dass nicht das bewusste Denken und Planen mit einer in die Zukunft gerichteten konzeptionellen Entwicklung sowie bewusste planungsfähige Vernunft Treiber der Entwicklung sind (ebd.). Das entscheidende Merkmal von Entwicklung ist der *Adaptionsprozess.* Die Adaptionen sollten damit im Fokus stehen (ebd.). Zwei wichtige Entwicklungsfaktoren sind dabei *Raum* und *Zeit.*

Das System kann sich auf drei Arten anpassen (Treml 2004, S. 84):

1. **Das System passt sich an seine Umwelt an.**
   Durch Eigendynamik und Anpassung wird das System so angepasst, dass es in seiner Veränderung weiterleben kann.
2. **Das System passt die Umwelt an sich an.**
   Die Umwelt wird dahingehend verändert, dass das System in seiner selbst veränderten Umwelt weiterleben kann.
3. **Das System macht sich unabhängig** von den veränderten Umwelt-bedingungen.

Es bestimmt seine Abhängigkeit und Unabhängigkeit intern selbst.

Wie wird sich der digitale Raum dahin gehend verändern? Welches sind die Anpassungsleistungen, die die Digitalisierung dem Menschen abverlangt?

Innerhalb der *Anpassungsleistung,* die über Lernprozesse geschehen kann, sollten sowohl die **Korrespondenz** als auch die **Kohärenz** untersucht werden. Die Korrespondenz beschreibt die äußeren Erfahrungen zwischen Mensch und digitalem Raum. Die Kohärenz strukturiert die innere Erfahrung und führt zu einer Neuorganisation (Treml 2004, S. 164). Es sollte untersucht werden, wie eine Anpassung des Menschen an die Digitalisierung und den digitalen Raum geschieht, wie der Mensch sich bei wechselnden Bedingungen verhält, und welche Veränderungsmöglichkeiten er annimmt. Daraus könnten allgemeine Anpassungsleistungen des Menschen in diesem System herausgearbeitet werden. Erwartet wird nicht nur die Erklärung für Verhalten, sondern auch die Veränderung eines vorhergegangenen Zustandes. Dies lässt sich beispielsweise mit dem Begriff der *Erziehung* beschreiben. Erziehung verändert Menschen und schafft ein aktives Unterstützen im Veränderungsprozess.

Anknüpfend stellt sich die Frage nach der *Lernleistung,* die durch Verhaltensänderungen beobachtet werden kann. Diese Beobachtungen helfen, auf das systemimmanente Wissen zu schließen. Die Muster dieses lernenden Systems sollen herausgearbeitet werden. Dazu kann die „Asymmetrie zwischen individuellen und sozialen Motiven" (Treml 2004, S. 167) genauer betrachtet werden, weil diese Lernprozesse entscheidend prägen. Zudem sind *Voran-passungsprozesse,* die sogenannten *Präadaptionen,* zu untersuchen. Möchte man die *spielerische Exploration* auf den Bereich der Digitalisierung anwenden, so sollten Merkmale wie Bindungsverhalten/Beziehungsverhalten, Schutzver-halten, Sensibilität für soziale Reize, wie beispielsweise soziale Zuwendung, untersucht werden. Die Notwendigkeit von Bildung in Zusammenhang mit der Digitalisierung als Selbst- und Weltermächtigung des Menschen (nach Baacke 1996) ist als solche evident.

3.2 Komplexität im digitalen Raum

Der digitale Raum ist ein hoch komplexes System, in dem jeder Mensch dieses System je nach „sensorische[r] Eigenstruktur" (Treml 2004, S. 58) und „mög-liche[...][r] Umweltsensibilität" (ebd.) selektiv wahrnimmt. Um sich dieser Komplexität anzunähern bedarf es zweier Kriterien: einer „Offenheit für die Mannigfaltigkeit des empirischen Erfahrungsbezuges einerseits und [eine] mög-lichst einfache Ordnung des Denkens durch Zurückführung auf einige wenige Unterscheidungen und Grundoperationen andererseits" (Treml 2004, S. 11).

Der erste Punkt der *Offenheit* ist nicht naturwüchsig gegeben, sondern persönlichkeits- und erfahrungsbedingt angelegt. Es gibt Menschen, die sich der Digitalisierung gegenüber ablehnend und damit verschlossen zeigen. Erst wenn Ereignisse wichtig oder nützlich für das Individuum sind, regen diese zum Denken und dann zur Veränderung an. Hohe Komplexität beinhaltet eine hohe *Binnendifferenzierung,* die zu vielen Zuständen führt. Diese Ordnungszustände gilt es zu sortieren und ihre Muster herauszuarbeiten. Vor allem sollte auf Wieder-holung, Hierarchisierung, Wechselwirkung (Interdependenz) und Tradierungen geachtet werden (Treml 2004).

Der Mensch im digitalen Raum bewegt sich in einer hohen Komplexität und mit spezifischen Anpassungsprozessen, wie der **Selbstorganisation.** Damit ist Selbstorganisation die *Anpassungsleistung.* Es gibt die **Innovatoren,** die den digitalen Wandel mitgestalten, die **Macher,** die die Ideen in den Alltag integrieren und zur Routine werden lassen, die **Koordinatoren,** die in der Komplexität des digitalen Raumes vermitteln und die **Mentoren,** die durch den digitalen Raum führen (Treml 2004). Prozesse der Mentalisierung sind auf dem Weg zur aktiven Gestaltung wichtig: „Alle mentalen Fähigkeiten greifen in den Prozess der menschlichen Kultur ein" (Damasio 2017, S. 189) und „Gefühle sind ein Kern – vielleicht der Kern – mentaler Zustände" (Damasio 2017, S. 181). Gefühle werden als Wahrnehmungskarten oder Bilder repräsentiert. Digitale Kultur und Gefühle beeinflussen und formen sich wechselseitig, woraus eine neue Wertigkeit entsteht (vgl. Damasio 2017, S. 144). Menschen haben die Fähigkeit, diesen inneren Repräsentationen, auch wenn sie sie nicht selbst gesehen, aber doch gespürt oder gefühlt haben, mit Worten Ausdruck zu verleihen und anderen mitzuteilen (Damasio 2017, S. 168). Damit nehmen sie Einfluss auf den digitalen Raum und die Entwicklungen in diesem.

Im digitalen Raum muss der Mensch einerseits viele *allgemeine* und *dauerhafte* Informationen, andererseits möglichst wenige *spezifische* und *temporäre* Informationen sammeln, speichern und verarbeiten (Treml 2004, S. 98). Wie gut gelingt dies? Um sich diesem komplexen Bereich der Nutzung des digitalen Raumes zu nähern, bedarf es fundierter Theorien, die den paradigmatischen Ansprüchen genügen müssen, sowie der methodischen und kontrollierten Erweiterung.

3.3   Forschung zur Künstliche Intelligenz

Die künstliche Intelligenz beschäftigt sich mit der Synthese *adaptiver Lebensprozesse* (Rohde 2013). Schon in den 1990er Jahren wurde das Thema des künstlichen Lebens ein eigenständiger Themenbereich in der künstlichen Intelligenzforschung. „Kernthemen waren Evolution, Anpassung, Selbstorganisation und das Verhalten in der geschlossenen Regelschleife" (Rohde 2013, S. 180). Von der geschlossenen Regelschleife wird immer dann gesprochen, wenn es ein System gibt, welches die Auswirkungen seines Verhaltens in der Umwelt unmittelbar registriert und in Echtzeit darauf reagieren kann (Rohde 2013, S. 180).

Das Logisch-Rationale ist gut durch Algorithmen abbildbar, die ein Computer für Entscheidungsprozesse benötigt. Aber das, was ein Lebewesen zum eigenen Fortbestand benötigt, sind Prozesse, die nicht als reine Datenverarbeitung im Gehirn verstanden werden können, wie beispielsweise das Verhalten von nichtlinearen Prozessen (z. B. in chemischen Systemen) oder bei Selbstorganisationsprozessen wie dem Schwarmverhalten. Selbstorganisation wird dabei verstanden als „spontane Bildung geordneter Strukturen durch Kopplung lokaler Prozesse" (Rohde 2013, S. 182). Zum einen soll ein natürliches System durch die exakte Nachbildung wissenschaftlich verstanden werden. So kann durch die Nachbildung adaptiver Techniken ein naturwissenschaftliches Verständnis des Lebens, inklusive seiner kognitiven Fähigkeiten, erlangt werden. Zum anderen sollen technische Problemlösungen durch die Natur inspiriert bzw. wissenschaftliche

Probleme durch Nachbilden lebender Organismusstrukturen gelöst werden. Hier können Erkenntnisse der Kognitionswissenschaft einfließen. Ziel der Kognitionswissenschaft ist es, kognitive Vorgänge zu identifizieren, die möglichst effizient durch digitale Prozesse modelliert werden können. In der Kognitionswissenschaft stellt sich die grundsätzliche Frage nach dem „computationalen Lösungsweg einer Aufgabe" (Huth 2013, S. 42), der auch informationsverarbeitende Prozesse im Menschen erklärt. Das „Verständnis des einfachen Lebewesens ist der Schlüssel zum Verständnis von Kognition und menschlicher Intelligenz" (Rohde 2013, S. 181). Gesamtziel ist es, durch Simulationen nicht nur Vorhersagen erstellen zu können, sondern eine Simulation für den *kognitiven Prozess* selbst zu entwickeln.

In den letzten Jahren kam es zu einer philosophischen Auseinandersetzung über künstliche Intelligenz und über die Möglichkeiten des *wirklichen Denkens* und *Bewusstseins* solcher **Superintelligenzen.** Künstliche Intelligenz wird sich durch die Technologie immer weiterentwickeln, daher wird ein geistiges Erwachen, insbesondere aus der Philosophie, gefordert (Brockman 2017). Sollte sich die Psychologie nicht ebenfalls diesem Thema bewusst annähern und der Frage nachgehen, ob Maschinen empathiefähig und mentalisierungsfähig sein können, vielleicht sogar zu Gefühlen wie Leid oder Scham fähig?

Die Idee, dass informationsverarbeitende Prozesse auch im Computer simulierbar und damit implementierbar sind, ist die Grundlage für die *Künstliche-Intelligenz-Forschung*. Künstliche-Intelligenz-Forschung ist ein Teil der Informatik, die sich mit der Konzeption der Formalisierung, Charakterisierung, Implementation und Evaluation von Algorithmen befasst. Das Ziel ist es, mit Algorithmen Probleme zu lösen, die bisher nur mit der menschlichen Intelligenz gelöst werden konnten (Schmidt 2013). Dabei kommt es zu allgemeinen Lösungen, die dann durch kognitive Systeme gelöst werden. Insbesondere sollen die Prozesse lebender Organismen nachgebildet werden.

Gesamtziel ist das Erfassen und Lösen von Problemen und ein allgemeines Verständnis von tierischen und menschlichen Kognitionsprozessen. Dabei beschäftigt man sich mit der *Repräsentation,* der *Benutzung* und der *Erweiterung* von Wissen (Huth 2013). Dies gelingt mit sogenannten *Artefakten.* Das sind Programme, die von einem Computer oder einem Roboter ausgeführt werden. Untersucht werden insbesondere Themen zur „Komplexität, Berechenbarkeit und Wählbarkeit von Problemen bzw. zu deren Lösung" (Schmidt 2013, S. 44). Da diese Betrachtungsperspektive zur Entwicklung dieser Systeme recht eng ist, werden in der Erweiterung psychologische, biologische oder neuropsychiatrische Erkenntnisse berücksichtigt. Systeme mit Künstlicher Intelligenz haben nicht nur den Anspruch, ein Problem auf intelligente und effiziente Art zu lösen, sondern dies auf ähnliche Art wie ein Mensch zu lösen (Schmidt 2013). Da KI-Systeme häufig interaktiv sind, „sollten bekannte Charakteristika und Beschränkungen menschlicher Informationsverarbeitung berücksichtigt werden" (Schmidt 2013, S. 44). Für die Lösung eines Problems mit zahlreichen Lösungswegen wird derjenige bevorzugt, der den Menschen am natürlichsten repräsentiert. Daher sind Kenntnisse über menschliche Wissensrepräsentation und menschliche Problem-lösungsstrategien wichtig. Die Verbindung zwischen psychologischen Erkenntnissen und (neuen) Algorithmen bezeichnet Schmidt (2013) als **Psychonik.**

Der Bereich der symbolverarbeitenden künstlichen Intelligenz beschäftigt sich mit der *internen Repräsentation.* Ihre Herausforderung besteht darin, dass sich Verhalten in einer geschlossenen Regelschleife nicht immer durch eine interne Nachbildung der Umgebung programmieren lässt. Die künstliche Intelligenz-forschung unterscheidet *Starke KI, Universelle KI, Schwache KI* und *Kognitive KI:* Unter der **Starken KI** wird eine programmierte künstliche Intelligenz verstanden, die die allgemeine menschliche Intelligenz vollumfänglich nachbildet (Huth 2013, S. 43). Das bedeutet, dass Menschen in der Lage sind, eine künstliche Intelligenz zu entwickeln, die von menschlicher Intelligenz nicht unterscheidbar ist. Noch gibt es eine solche künstliche Intelligenz nicht (Gabriel 2018).

Unter einer **Universellen KI** versteht Gabriel (2018) eine künstliche Intelligenz, die im passenden Augenblick von einer intelligenten Tätigkeit auf eine andere umstellen kann. Eine solche künstliche Intelligenz wurde bisher ebenfalls noch nicht realisiert. Insbesondere rückt in der KI-Anwendung das sogenannte *Deep Learning* in den Mittelpunkt. Hier geht es um die Selbstlern-möglichkeiten von Maschinen und das Finden eigenständiger Lösungen für bisher ungelöste Probleme mithilfe optimierter Algorithmen.

Die **Schwache KI** beschreibt pragmatische intelligente Lösungsstrategien, in denen es um unterstützende Expertensysteme und Klassifikation- oder Planungs-algorithmen geht, „die in ihren speziellen und beschränkten Anwendungsgebieten menschliche Fähigkeiten gerade durch ihre Andersartigkeit übersteigen und gar nicht mehr den Anspruch erheben, echte Nachbildung zu sein" (Huth 2013, S. 43).

Die **Kognitive KI** zielt auf die sogenannte Starke KI ab, nämlich der Entwicklung von Algorithmen und Systemen, die den menschlichen Prozessen der Informationsverarbeitung ähnlich sind. Hier können beispielhaft kognitive Modelle bzw. kognitive Architekturen von Computersimulationen genannt werden (Schmidt 2013). „Im Gegensatz zu Standard-KI-Systemen, die im Wesentlichen interne" Denk „Prozesse abbilden, zeichnen sich autonome Agenten dadurch aus, dass sie in Interaktion mit der Umwelt *handeln*" (Schmidt

2013, S. 46). In der Robotik werden autonome Agenten mit Körperlichkeit versehen.

Künstliche Systeme können zudem so gestaltet werden, dass sie intelligent oder sogar intelligenter als Menschen sind. Man kann für künstliche Systeme auch moralische Werte und entsprechende Reaktionen programmieren, die derzeit jedoch (noch) nicht eigenständig aufgebaut oder modifiziert werden können. Künstliche Systeme können auch (noch) keine eigenen Gefühle erzeugen. Zudem können künstliche Systeme Werte, Gefühle und diesbezügliche Handlung (noch) nicht selbst *mental* erleben (Damasio 2017, S. 231). Im Denken und Fühlen kann zudem (noch) kein Maß an Freiheit genutzt werden.

Diese Abgrenzungen, das Bewusstmachen der Unterschiedlichkeiten, insbesondere der unterschiedlichen Stärken, ist ein wichtiger Emanzipationsprozess, damit das Individuum seine Rolle in dem sich verändernden System finden und darin leben kann. Menschen nutzen Algorithmen in ihrem Alltag, aber sie selbst *sind* keine Algorithmen (Damasio 2017, S. 228). Menschliches Verhalten und Handeln unterliegen ebenfalls keinen Algorithmen. Damit sind Menschen nicht zwangsläufig vorhersehbar und nicht künstlich ersetzbar.

Als psychologische Spezialdisziplin ist die Digitale Psychologie insbesondere aufgefordert, sich in die Entwicklungen zur Künstlichen Intelligenz einzubringen. Bereits vorhandene Kenntnisse, beispielsweise der Medienphilosophie und Medienethik, können genutzt und mit Blick auf eine Technikfolgenabschätzung digitaler Entwicklungen (Was macht dies alles mit uns?) erweitert werden. Ebenso ist das Fachgebiet im Rahmen der Diskussionen um *Technikethik* und *Datenethik* gefragt. Es geht nicht um kritische oder euphorische Sichtweisen, sondern darum, wie wir das eine tun können ohne das andere zu lassen.

3.4   Die Logik, das Denken und die Künstliche Intelligenz

Wenn Gabriel (2018) recht hat, dann ist das *digitale Zeitalter* „ein Zeitalter der Herrschaft der Logik über das menschliche Denken" (Gabriel 2018, S. 145). Grundlagen dieses Zeitalters sind die Logik und die Mathematik. „Die Logik ist die Lehre von der Verhältnisbestimmung zwischen Gedanken" (Gabriel 2018, S. 143). Zur Logik gehört das Denken. „Die Logik beschäftigt sich mit der Herausarbeitung logischer Gesetze aus dem vorhandenen Material des menschlichen Denkens" (Gabriel 2018, S. 144). Das menschliche Denken ist wenig logisch und deshalb schwer durch Algorithmen nachzubilden.

Menschen nehmen beispielsweise in ihrem alltäglichen Denken und Handeln durch ihr Abwägen und durch ihre momentane persönliche und emotionale Verfasstheit Fehler in Kauf, um schnell zu handeln und ein Ergebnis zu erhalten. Es geht damit in der **Nachbildung menschlichen Denkens** weniger darum, wie der Mensch denkt, sondern wie er denken sollte, wenn er sich rational verhalten und damit auch versuchen wollte, Fehlschlüsse zu vermeiden. Es stellt sich die Frage, ob *künstliche Intelligenz* denken kann, also als ein Vorgang der Datenverarbeitung verstanden werden kann, der programmierbar ist. Gabriel (2018) versteht die KI als Denkmodell, als logische Landkarte des menschlichen Denkens. Künstliche Intelligenz ist daher „keine Kopie des menschlichen Denkens" (Gabriel 2018, S. 146). Es scheint aber der Wunsch zu sein, menschliches Denken an der Logik als Zielvorstellung zu orientieren. Denken entsteht nicht nur in einem sprachlichen Prozess, sondern auch in einem unbewussten, nicht verwörterbaren Bereich. Daher sieht Gabriel eine Kopierung des Denkprozesses derzeit als nicht machbar an.

Die Psychologie betrachtet das tatsächliche Denken des Menschen. „Logik und Psychologie sind deswegen zwei prinzipiell verschiedene Wissenschaften" (Gabriel 2018, S. 145). Die Logik in der Digitalisierung geht aber über das menschliche Denken hinaus. Die Künstliche Intelligenz versucht durch logische Operationen, die mathematisch abgebildet und als Software programmiert werden können, „eine vom menschlichen Denken abgekoppelte reine Logik" (Gabriel 2018, S. 145) nutzbar zu machen. Mit dieser Betrachtung stellt sich Gabriel (2018) gegen eine mögliche Form der *Computerpsychologie*. Die Logik ist damit die Grenze der künstlichen Intelligenz. Sie steckt den Rahmen des Denkbaren, die nicht überschreitbare Grenze des Denkens, ab (ebd.).

Vergleich menschlicher und künstlicher Intelligenz

Menschliche Intelligenz	Künstliche Intelligenz
agiert aufgrund von Denken	agiert in einem logischen Denkmodell
nutzt Intelligenz (das Vermögen zu denken)	nutzt Logik (die Gesetze des Denkens)
Gedankenzusammenhänge entstehen aus einem komplexen Zusammenspiel	Gedanken beruhen auf logischen programmierten Gesetzten
Da Menschen Dinge verstehen, verfügen sie auch über das Vermögen zu denken.	Die KI selbst ist nicht intelligent.
mit Bewusstsein, Vorbewusstsein und Unterbewusstsein	ohne Bewusstsein
mentale Zustände	keine mentalen Zustände

Menschliche Intelligenz	Künstliche Intelligenz
fähig zu Semantik (Lehre der Bedeutung)	
Wahrheitserkenntnis aufgrund des Zusammenspiels von Gedanken und Wirklichkeit	
Die Wirklichkeit bekommt eine Bedeutung. (Projektionsthese)	
ausgeprägter Denksinn und Reflexionsfähigkeit	
moralische Haltung, Empfindung und Verpflichtung	
emotionale Färbung des Lebens	
einüben von Mustererkennung	einüben von Mustererkennung
anpassen auf einen begrenzten Ausschnitt der Wirklichkeit	anpassen auf einen umfassenden Ausschnitt der Wirklichkeit
emotionale Bindung	emotionale Bindung durch programmierte Werteannahmen
	niedrige Fehlerquote bei Routinen
kann erkranken	kann von Viren befallen werden, kann kaputt gehen, benötigt ein Softwareupdate
in der analogen Wirklichkeit	in der digitalen Wirklichkeit

3.5   Mensch-Maschine-Interaktion

Der WBGU (2019) sieht die Vorteile der Digitalisierung in einem *zu sich Kommen der Menschheit*. „KI würde uns möglicherweise eine gewisse Emanzipation von ihr erlauben und einen stärkeren Hinweis zu Fähigkeiten wie Empathie, Fürsorge und Solidarität gestatten" (WBGU 2019, S. 7). Der Mensch schafft sich zudem Gefährten, wie beispielsweise digitale Assistenten, die den Menschen von monotonen Tätigkeiten befreien, und ihn z. B. beim Lernen und Verstehen unterstützen. Vielleicht schafft sich der Mensch auch eine Superintelligenz und damit „beseelte künstliche Entitäten mit selbstständiger Willensbildung und Reproduktion in einer späteren Phase der digitalen Revolution" (WBGU 2019, S. 7). Ein *neuer Humanismus* entsteht, indem Kooperationskultur, Empathie und globale Solidarität zentral werden (WBGU 2019). Zudem muss sich der Mensch in seiner ethischen Haltung mit den Möglichkeiten der Digitalisierung auseinandersetzen. Dies geschieht auch im Rahmen der Mensch-Maschine-*Kollaboration, -Interaktion* und möglicher zukünftiger Mensch-Maschine-*Partnerschaft*

Mensch-Maschine-Interaktion ist ein interdisziplinäres Gebiet, in welchem Forschungen aus Kognitionswissenschaft, Informatik, Künstlicher-Intelligenz-Forschung, Softwareergonomie, Design und der Techniksoziologie einfließen. Ebenso werden auch neue Erkenntnisse aus der *Allgemeinen Psychologie* (z. B. der Wahrnehmungspsychologie und Motivations-, Emotions- und Volitionsforschung) und der *Differenziellen und Persönlichkeitspsychologie* (z. B. der Entwicklung und Modellierung von Persönlichkeit und der Intelligenzforschung) sowie der *Medienpsychologie* (z. B. der Medienwirkung und Medienselektion) berücksichtigt. Die Psychologie trägt insbesondere ihr Wissen zum menschlichen *Erleben* und *Verhalten,* zu deren inneren und äußeren *Ursachen, Bedingungen* und ihrer *Entwicklung* bei. Heir sind die Erkenntnisse zu bewussten und unbewussten Vorgängen und deren Erleben, besonders zu *kognitiven Prozessen,* d. h. der Verarbeitung von Informationen innerhalb des menschlichen Denkens und Entscheidens, wichtig. Es lassen sich aus psychologischen Erkenntnissen Implikationen für eine *benutzergerechte* Gestaltung von Software und technischen Systemen ableiten und die Interaktionen von Mensch und Maschine verbessern (Wachsmuth 2013).

Die in der *Informatik* verkörperten Systeme, die sogenannte kognitive **Robotik,** haben das Ziel, allgemeine Problemstellungen auf autonom handelnde Roboter zu übertragen. Hier fließen psychologische Erkenntnisse, insbesondere aus der Repräsentation und Verarbeitung von Wissen, ein. Der Roboter soll explizites Wissen vorgegebener Aufgaben mit Handeln verbinden. Dafür muss der Roboter über *Kategorien* von *Objekten* und *Orten* verfügen. Andere Roboterarchitekturen, zum Beispiel jene in der Industrierobotik, können auf diesen Zusatz verzichten. Reaktiv gesteuerte Roboter wiederum können auf die *interne Präsentationen* von explizitem Wissen verzichten. In der kognitiven Robotik sind *situierte, verkörperlichte, erweiterte* und *erteilte Kognition* wichtig (Huth 2013, S. 43). Bis jetzt ist es eine große Herausforderung in der kognitiven Robotik, sensorische Daten zu fusionieren, d. h., die gleichzeitige Lokalisation und Kartierung zu erstellen und dann zu sich selbst ins Verhältnis zu setzen (ebd.).

Die *kognitive* Robotik kann als Teilgebiete der Robotik verstanden werden, ist aber auch eine Arbeitsrichtung der autonomen mobilen Roboter, die sich mit der Wissensrepräsentation bzw. deren Probleme in der künstlichen Intelligenzforschung beschäftigt (Hertzberg 2013).

Das Kognitive in der Bezeichnung *kognitive Robotik* beschreibt die gewünschten Fähigkeiten des Roboters:

- „zielgerichtet unter Realzeitbedingungen zu agieren und zwar
- unter unsicherer Information über ihre Umgebung und die Wirkung ihrer eigenen Aktionen,
- als eingebettete Systeme unter laufender Verarbeitung von Sensordaten aus der Umgebung (…),
- unter Verwendung von einschlägigen, explizit gemachten Wissen (…) und
- mit einem hohen Grad an Autonomie" (Hertzberg 2013, S. 47).

Ziel ist es, dass der Roboter nicht nur seine Umgebung in semantischen Kategorien wahrnimmt, sondern die **gezielte Manipulation von Objekten** einbeziehen kann, was bisher noch nicht gelang (Hertzberg 2013, S. 51).

In die Reihe der Übertragbarkeit von *natürlicher Interaktion* zwischen Menschen und Maschine fallen die Kommunikation, die kognitiven Leistungen und das Verstehen und Produzieren von *Sprache, Gestik* und *Mimik* in einem Dialog. Ebenso kann die Möglichkeit einer Mensch-Technik-Kooperation im Sinne eines künstlichen Gesprächspartners hinzugezählt werden. Als Beispiele können der **soziale Roboter** (in der realen physikalischen Welt) oder der *autonome humanoid-aussehende Roboter* in einer simulierten computergrafischen Umgebung einer virtuellen Welt genannt werden. Die virtuelle Realität erlangt in diesem Kontext an Bedeutung, denn sie verbindet sensorische und aktorische Fähigkeiten des Menschen mit der synthetischen Welt des Computers. Zudem gibt es Bemühungen, mithilfe intelligenter Techniken und Assistenzaufgaben Unterstützungssysteme aufzubauen, die Interaktionen übernehmen können (Sullivan und Tyler 1991).

Vision ist es, technische Systeme *eigenständig* Lösungen finden zu lassen. Eine solche intelligente Technik wird als *Interface-Agent* bezeichnet. Ein Interface-Agent beobachtet die Aktivitäten in der Umgebung, initiiert Kommunikation und handelt als autonome Einheit, führt somit selbstständig Aufgaben durch (Wachsmuth 2013). Auch computeranimierte Figuren *mit* **synthetischen Charakteren,** den sogenannten *virtuellen Agents,* können künstliche Gesprächspartner werden. Weitergedacht könnten diese Agents über sogenannte *mentale Eigenschaften* wie Wissen, Motivation, Intention, Überzeugung, Wunsch oder Verpflichtung, die den Charaktereigenschaften eines Menschen nachempfunden sind, verfügen (Rao und Geotgeff 1991). Ziel ist es, ein gemeinsames Wissen über Ziele und deren solidarisches Verfolgen zu realisieren (Wachsmuth 2013), wodurch ein *gemeinsames mentales Modell der Realität* geschaffen werden kann. Dafür benötigen diese Agents eine eigene modellierte Persönlichkeit mit integriertem *Emotionsmodell, autonomem Handeln* und *einem Kommunikations-stil.* Sie würden sich dann an sozialen Mustern zwischenmenschlicher Interaktion orientieren und wie ein soziales Gegenüber agieren. Mit diesen Fähigkeiten, dem wahrgenommenen Handeln, verschiebt sich die Sicht des Menschen auf den künstlichen Agent – von der Benutzung einer Anwendung hin zu einer Partner-schaft.

Praxisbeispiel Avatarbasiertes Coaching
Im Bereich des onlinebasierten Coachings konkretisieren sich erste künstliche Agents als Avatare. 1980 ermöglichte das Projekt MUD (Multi User Dungeon) zum ersten Mal Menschen eine gemeinsame virtuelle Welt zu erfahren (Bartle 2006). Hier wurde ein Spiel in die MUD-Kollaborationsplattform integriert.

Heute bietet avatarbasiertes Coaching an, in eine virtuelle Welt mit immersivem Effekt einzutauchen, d. h. einem zugleich *mentalen Eintauchen in eine künstliche Welt.* Der Begriff der Immersion beschreibt das reale Empfinden eines Menschen in einer virtuellen Umgebung. Der Effekt der Immersion wird durch illusorische Stimuli im virtuellen System hervorgerufen. Neben Einzel-coachings können auch Gruppencoachings in virtuellen Welten durchgeführt werden.

Avatarbasiertes Coaching wird z. B. im *System CAI* (Cyber Anthropoetic Intelligence) vom Karlsruher Institut für Coaching angeboten. Der Coachee bewegt sich als Avatar in einer virtuellen Welt und wird darin von einem Avatar als Coach begleitet. Diese virtuelle Welt lädt mit ihrer Naturkulisse zum Ent-spannen ein. Kommuniziert wird über Text bzw. Textbotschaften und/oder Tele-fonsysteme.

Ein anderes Format ist *SimCoach.* Es ist ein niedrigschwelliges Angebot an das US-amerikanische Militär, um Soldaten nach einem Einsatz erste Orientierung zu geben und bietet Hilfe bei einem Posttraumatischen Belastungs-syndrom an. Der Betroffene kann anonym mit einem Avatar, der konkrete Hilfs-angebote unterbreitet, in Kontakt treten.

Im BMBF-Forschungsschwerpunkt *InterEmotio* hingegen wurde das Projekt *EmpaT* entwickelt. Dieses ist eine interaktive 3D-Trainingsumgebung für Bewerbungsgespräche. Es sollen soziale und emotionale Fähigkeiten in einem interaktiven Dialog, einem simulierten Bewerbungsgespräch, durch virtuelle Avatare eingeschätzt und verbessert werden.

Ein interaktives, mobiles Assistenzsystem ist *EmmA* (emotionaler mobiler Avatar), das bei psychischer Belastung individuell berät. Darüber hinaus kann das System zur Gefährdungsbeurteilung am Arbeitsplatz sowie der betrieb-lichen Wiedereingliederung nach einer psychischen Erkrankung genutzt werden.

EmmA ist ein Coaching-Assistent, der eine multimodale Echtzeit-Sensoranalyse durchführt. Er zeichnet mit Hilfe von Sensoren im Smartphone des jeweiligen Nutzers physiologische und soziale Signale auf und interpretiert diese. Darauf aufbauend wird ein sozio-emotionales Verhaltensmodell entwickelt und an den virtuellen Avatar, der kontextabhängig bei schwierigen Situationen Hilfe anbietet, gekoppelt.

Es gibt zudem Software, die Emotionen über eine Kamera erkennen und adaptiv auf Klienten eingehen kann. Viele weitere Beispiele können benannt werden.

Ausblick: Zukunft und Entwicklung der Digitalen Psychologie 4

Es geht nicht mehr um die Frage *ob,* sondern *wie* wir mit der fortschreitenden Digitalisierung umgehen und wie sich Psycholog*innen hier positionieren werden. Es wird individuelle, wirtschaftliche und gesellschaftliche Verbesserungen, aber auch „digitale Klüfte" geben (Berufsverband Deutscher Psychologinnen und Psychologen 2018). Wo Neuerungen und Verbesserungen im digitalen Raum entstehen, gilt es auch, Dinge kritisch zu betrachten. Dazu gehören Begleiterscheinungen wie Hate-Speech und Shit-Storm, wie Deep Fake, Trolle, Viren, Würmer, Datenspionage und das Darknet. Vom Menschen gesteuerte Aktionen sind mit bestimmten Zielen, Wünschen, Bedürfnissen und Hoffnungen verbunden. Das digitale Zeitalter zwingt uns zum Überdenken aller Bereiche unseres Lebens und bedarf eines starken Gestaltungswillens.

Zurzeit ist noch wenig über die Zusammenhänge des menschlichen Denkens, Fühlens und Verhaltens im digitalen Raum bekannt. Vielleicht ist es auch nicht so wichtig, wie die digitale Welt beschrieben werden kann, sondern eher, wie wir diese gestalten. Sicher ist aber, dass sich – ein humanistisches Menschenbild zugrundelegend – das Individuum auch im digitalen Raum frei entfalten und entwickeln möchte. Eine solche aktive Gestaltung kann die Psychologie unterstützen. Sicherlich werden auch innerhalb der neuen psychologischen Disziplin – der *Digitalen Psychologie* – verschiedene Ansätze gleichberechtigt nebeneinander stehen und aus unterschiedlichen Perspektiven Antworten auf Fragestellungen geben. Damit wird das Fach der Psychologie einmal mehr an Komplexität gewinnen. Es wird sich auch neuen Strömungen öffnen (müssen) und diese in die Überlegungen der Psychologie einbinden.

Zur Etablierung des Forschungsbereiches der Digitalen Psychologie bedarf es einer Übersicht der bereits eingesetzten digitalen Methoden und Interventionen, von Forschungspublikationen und Akkreditierungen, von Themenangeboten und

© Der/die Herausgeber bzw. der/die Autor(en), exklusiv lizenziert durch Springer Fachmedien Wiesbaden GmbH, ein Teil von Springer Nature 2020
M. Metz und B. Spies, *Digitale Psychologie,* essentials,
https://doi.org/10.1007/978-3-658-32011-9_4

von Evaluierungen. Außerdem bedarf es einer Qualitätssicherung im Bereich der Digitalen Psychologie. Das Themenfeld der Digitalen Psychologie soll zum einen inhaltlichen Transfer leisten. Es soll zum anderen aber auch dabei unterstützen, die Persönlichkeit eines Menschen in Bezug auf die Digitalisierung zu prägen und zu vertiefen. Dazu gehört die Möglichkeit, eine Haltung auszubilden und so nachhaltiges Wissen und ethisches Verhalten für ein Leben mit Digitalität und Virtualität zu erzeugen. Themen wie beispielsweise die (soziale) Ungleichheit, die durch Digitalisierung und digitale Medien verstärkt wird, müssen benannt und bearbeitet werden.

Vielleicht ist die Digitalisierung der Motor für eine neue **Wende in der Psychologie.** Der digital bewirkte kulturelle und gesellschaftliche Wandel muss von Menschen aktiv gestaltet werden, auch wenn es einen gewissen Ressourcenaufwand bedarf.

> Ein bewusst-loses Abwarten und Geschehen lassen, ein kulturunkritisches am Rande stehen ist ebenso wenig angeraten wie eine Digitaleuphorie, die bisherige wissenschaftliche Forschung nicht zur Kenntnis nimmt, denn wir sind mitten in der Veränderung.

Der Zug der Digitalisierung ist punktuell mit der Gestaltungskraft der Psycholog*innen ins Rollen gekommen, beim Fahren aber vernachlässigt worden. Nun ist es an der Zeit, auf den Zug wieder aufzuspringen und die Richtung und Themenfelder der Psychologie mit- und neu zu bestimmen. Es ist nicht nur eine Suche nach dem rechten Maß, sondern auch eine Suche nach dem Gestalten des digitalen Raums entlang unserer Werte.

Was Sie in diesem *essential* mitnehmen können

- Die Digitalisierung ist in der Psychologie schon längst angekommen.
- Digitale Mittel und Methoden können die Integration und Teilhabe von Menschen unterstützen und begleiten.
- Psycholog*innen sollten sich aktiv einbringen und den sich neu entwickelnden Bereich der Digitalen Psychologie mitgestalten, zum Wohle des Menschen.
- Möglichkeiten und Grenzen der Digitalen Psychologie müssen durch Einordnung und Abgrenzung von Entwicklungs- und Forschungsfeldern durch die Psycholog*innen aufgedeckt und umgesetzt werden.
- Die Definition, Eingrenzung und Entfaltung des Bereichs der Digitalen Psychologie sollte weiter diskutiert und ausgebaut werden.

© Der/die Herausgeber bzw. der/die Autor(en), exklusiv lizenziert durch
Springer Fachmedien Wiesbaden GmbH, ein Teil von Springer Nature 2020
M. Metz und B. Spies, *Digitale Psychologie,* essentials,
https://doi.org/10.1007/978-3-658-32011-9

Literatur

Baacke, D. (1996). Medienkompetenz – Begrifflichkeit und sozialer Wandel. In: Rein, A. (Hrsg.): *Medienkompetenz als Schlüsselbegriff* (S.112–124). Bad Heilbrunn: Klinkhardt.

Bartle, Richard A. (2006). *Designing virtual worlds*. [Nachdr.]. Berkeley, CA: New Riders.

Bartmann, F.-J & Blettner, M. (2012). *Telemedizinische Methoden in der Patientenversorgung. Anwendungsspektrum, Chancen, Risiken*. Köln: Deutscher Ärtzeverlag.

Batinic, B. & Appel, M. (Hrsg.). *Medienpsychologie*. Heidelberg: Springer Verlag.

Berufsverband Deutscher Psychologinnen und Psychologen (2018). *Mensch und Gesellschaft im digitalen Wandel*. https://www.bdp-verband.de/binaries/content/assets/verband/bdp-berichte/bdp-bericht-2018.pdf. Zugriff: 22. April 2020.

Birbaumer, N. & Matuz, T. (2013). Brain-computer-interfaces (BCI) zur Kommunikation und Umweltkontrolle. In: Achim Stephan; Sven Walter (Hrsg.). *Handbuch Kognitionswissenschaft* (S. 239–247). Stuttgart, Weimar: J. B. Metzler.

Boes, A.; Gül, K.; Kämpf, T.; Langes, B.; Lühr, T.; Mars, K.; Vogl, E. & Ziegler, A.(2018). *Sillicon Valley: Vorreiter im digitalen Umbruch. Folgen für Deutschland und Europa*. Forschungsreport. München.

BKK (2019). *BKK-Gesundheitsreport 2019*. MWV: Berlin. https://www.bkk-dachverband. de/publikationen/bkk-gesundheitsreport.html. Zugriff: 9. August 2020.

Bundesministerium für Gesundheit (2020). *Digitale-Versorgung-Gesetz*. https://www. bundesgesundheitsministerium.de/digitale-versorgung-gesetz.html. Zugriff: 9. August 2020.

Bundesministerium für Wirtschaft und Energie (2919). *Bundeshaushalt 2020*. https://www. bmwi.de/Redaktion/DE/Artikel/Ministerium/haushalt-2020.html. Zugriff: 9. August 2020.

Christakis, N. A. & Fowler, J. H. (2011). *Die Macht sozialer Netzwerke. Wer uns wirklich beeinflusst und warum Glück ansteckend ist*. Frankfurt a.M.: Fischer.

Deinet, U.; Reis, C.; Reutlinger, C. & Winkler, M. (2018). *Potentiale des Aneignungskonzeptes*. Weinheim und München: Beltz Juventa Verlag.

Damasio, A. (2017). *Im Anfang war das Gefühl. Der biologische Ursprung menschlicher Kultur*. München: Siedler Verlag.

Duden (2020): *Cyber*. https://www.duden.de/rechtschreibung/cyber. Zugriff: 9. August 2020.

Floridi, V., (2015). *Digitale Unternehmen haben ontologische Macht.* In: philosophie magazin 06/2015,. S. 68–73. Philosophiemagazinverlag. Berlin.

Frauenhofer Institut (2018): *Spinnenphobie per Augmented Reality therapieren.* https://www.fraunhofer.de/de/presse/presseinformationen/2018/oktober/spinnenphobie-per-augmented-reality-therapieren.html. Zugriff: 7. Mai 2020.

Gabriel, M. (2018). *Der Sinn des Denkens.* Berlin: Ullstein Buchverlag GmbH.

Görgen, B. & Wendt, B. (2015). *Nachhaltigkeit als Fortschritt denken. Grundrisse einer soziologisch fundierten Nachhaltigkeitsforschung.* Soziologie und Nachhaltigkeit (SuN) – Beiträge zur sozial- ökologischen Transformationsforschung. Ausgabe 1/2015.1–21.

Hertzberg, J. (2013). Kognitive Robotik. In: A. Stephan & S. Walter (Hrsg.). *Handbuch Kognitionswissenschaft* (S. 47–51). Stuttgart, Weimar: J. B. Metzler.

Honneth, A. (2015). *Hegel und die Anerkennung.* In: philosophie magazin 05/2015, S. 78–81. Philosophiemagazinverlag. Berlin.

Huth, J. (2013). Informatik. In: A. Stephan & S. Walter (Hrsg.). *Handbuch Kognitionswissenschaft* (S. 42–43). Stuttgart, Weimar: J. B. Metzler.

Kuhl, J.; Scheffer, D.; Mikoleit, B. & Strehau, A. (2010). *Persönlichkeit und Motivation im Unternehmen. Anwendungen der PSI-Theorie in Personalauswahl und -entwicklung.* 1. Auflage 2010 W. Stuttgart: Kohlhammer.

Löw, M. (2001). *Raumsoziologie.* Frankfurt am Main: Suhrkamp.

Pauen, M. & Welzer, H. (2015). *Autonomie. Eine Verteidigung.* Frankfurt am Main: S. Fischer.

Reutlingen, C. & Deinet, U. (2019). *Sozialraumarbeit und digital werdende Lebenswelten Jugendlicher. Nur hinterher kommen zu wollen, ist nicht genug aus!* Sozialmagazin, die Zeitschrift für soziale Arbeit (44 Jg.) Weinheim und München: Beltz Juventa. 6–12.

Rao, A. & Georgeff, M. (1991). Modeling rational agents within a BDI-Architectur. In: *Proceeding of the 2nd International Conference on Principles of Knowledge Representation and Reasoning.* San Fransisco, 473–484.

Rohde, M. (2013). Evolutionäre Robotik, organic computing und künstliches Leben. In: A. Stephan; & S. Walter (Hrsg.). *Handbuch Kognitionswissenschaft* (S. 180–183). Stuttgart, Weimar: J. B. Metzler.

Schmidt, U. (2013). Künstliche-Intelligenz-Forschung. In: A. Stephan; & S. Walter (Hrsg.). *Handbuch Kognitionswissenschaft* (S. 44–47). Stuttgart, Weimar: J. B. Metzler.

Stifterverband (2020). *Bildung. Wissenschaft. Innovation.* Hochschul-Bildung-Report 2020. Für morgen befähigen. Jahresbericht 2019. https://www.stifterverband.org/medien/hochschul-bildungs-report-2020-bericht-2019. Zugriff: 2. Mai.2020.

Sullivan, J. & Tyler, S. (1991). *Intelligent User Interfaces.* New York.

Sühlmann-Faul, F., (2019). *Digitalisierung & Nachhaltigkeit: Risiken, Chancen und notwendige Schritte.* https://www.informatik-aktuell.de/management-und-recht/digitalisierung/risiken-und-chancen-der-digitalisierung.html. Zugriff: 29. Juni 2020.

TKK (2020): *VR-Therapie bei Angststörungen.* https://wirtechniker.tk.de/2020/01/29/invirto-digitale-vr-therapie-bei-angstsoerungen/. Zugriff: 29. Juni 2020.

Treml, Alfred K. (2004). *Evolutionäre Pädagogik. Eine Einführung.* Stuttgart: Kohlhammer GmbH.

Trepte, S. & Reinecke, L. (2013). *Medienpsychologie.* Stuttgart: Kohlhammer.

Vdek (2019): *vdek-Zukunftsforum 2019. Schafft die Digitalisierung die Psycho-therapeuten ab?*https://www.vdek.com/presse/pressemitteilungen/2019/zukunftsforum-2019-digitalisierung-psychotherapie.html. *Zugriff: 29. Juni 2020.*

Verhaeghe, P. (2013). *Und ich? Identität in einer durchökonomisierten Gesellschaft.* München: Kunstmann.

Wachsmuth, I (2013). Mensch-Maschine-Interaktion. In: A. Stephan & S. Walter (Hrsg.). *Handbuch Kognitionswissenschaften* (S. 361–364). Stuttgart Weimar: J.B. Metzler.

WBGU – Wissenschaftlicher Beirat der Bundesregierung Globale Umweltveränderung (2011). *Factsheet. Globale Trends. Nr. 3/2011.* https://www.wbgu.de/fileadmin/user_upload/wbgu/publikationen/factsheets/fs3_2011/wbgu_fs3_2011.pdf . Zugriff: 22 Januar 2020.

WBGU – Wissenschaftlicher Beirat der Bundesregierung Globale Umweltveränderung (2018). *Digitalisierung: worüber wir reden müssen.* https://www.wbgu.de/de/publikationen/publikation/digitalisierung-worueber-wir-jetzt-reden-muessen. Zugriff: 04. Januar 2020.

WBGU – wissenschaftlicher Beirat der Bundesregierung Globale Umweltveränderungen (2019). *Unsere gemeinsame digitale Zukunft. Zusammenfassung.* Berlin: WBGU.

WBGU – Wissenschaftlicher Beirat der Bundesregierung Globale Umweltveränderungen (2019): *Unsere gemeinsame digitale Zukunft. Zusammenfassung.* https://www.wbgu.de/fileadmin/user_upload/wbgu/publik-ationen/hauptgutachten/hg2019/pdf/WBGU_HGD2019_Z.pdf. Zugriff: 04. Januar 2020.

Ziemann, A. (2011): *Medienkultur und Gesellschaftsstruktur.* Soziologische Analysen. Wiesbaden: VS Verlag.